Покаяние

Чем оно является
Чем не является
Как его совершить

РИК РЕННЕР

Все цитаты из Священного Писания приведены согласно Синодальному изданию канонических книг Библии на русском языке.

Перевод с английского языка.
Оригинальное издание:
Repentance:
What It Is, What It Isn't, and How To Do It
Copyright © 2017 by Rick Renner
8316 E. 73rd St.
Tulsa, OK 74133

Издание на русском языке:
© 2022 Общество с ограниченной ответственностью «АминьБукс»
Перевод и редакция: Багрецов С.А.
Дизайн обложки: Debbie Pullman
Верстка: Алеся Юреня, Кашина Наталья

ISBN: 978-1-68031-200-3 (*англ*)
ISBN: 978-5-6046853-2-7 (*рус*)

Посему, оставив начатки учения Христова, поспешим к совершенству; и не станем снова полагать основание обращению от мертвых дел и вере в Бога, учению о крещениях, о возложении рук, о воскресении мертвых и о суде вечном.

Послание к Евреям 6:1-2

СОДЕРЖАНИЕ

ВСТУПЛЕНИЕ

Посетив за несколько последних лет самые разные церкви в самых разных странах, я посчитал необходимым изложить тему покаяния в форме учения. В процессе размышления над этой темой я всё отчётливее осознавал, что огромное количество христиан, посещающих церковь, не имеют ясного представления о том, что такое настоящее покаяние, почему оно носит основополагающий характер и является необходимостью для каждого, кто встал на путь христианства.

Для многих верующих в Иисуса Христа акт покаяния ничем не отличается от ощущения вины, угрызений совести или чувства сожаления. Они ошибочно полагают, что покаяние – это нечто вроде духовного «билетика», обладателям которого разрешается покинуть «тюрьму» прегрешения. Всё, что им нужно сделать, — это признать свою вину и попросить у Бога прощения…, чтобы затем вновь оказаться в объятиях того же греха, за который они только что попросили прощения! Что ж, мы с вами придём к заключению, что *свидетельством настоящего покаяния является вовсе не чувство вины, сожаление, огорчение или угрызения совести, а глубокие изменения на личностном уровне – преображение мышления и всего образа жизни!*

Таким образом, настоящая книга была написана с целью предоставить вам, дорогой читатель, всестороннее изложение и исчерпывающее объяснение того, что же значит *покаяться по-настоящему* и почему покаяние, вне всякого сомнения, является неотъемлемой составляющей христианского образа жизни. Со своей стороны, я приложил все возможные усилия для того, чтобы каждая грань данной темы была хорошо раскрыта и тщательно объяснена исключительно в свете Божьего Слова. Убеждён, что, вникая в истины Писания, изложенные на следующих страницах, вы обретёте для себя действенное средство для уверенного духовного роста и более глубоких, осмысленных и близких отношений с Господом. Да будет так!

Рик Реннер

1

ЧТО ТАКОЕ НАСТОЯЩЕЕ ПОКАЯНИЕ?

Итак, что же всё-таки значит «покаяться»? В недавнем опросе общественного мнения в национальных масштабах людям, заявившим, что они посещают ту или иную церковь, был задан вопрос о том, какой смысл каждый из опрошенных вкладывает в слово «покаяние». Результаты опроса были весьма разными. По заявлению большинства участников опроса, слово «покаяние» для каждого из них означает следующее:

- Испытывать сожаление о том, что человек сделал или чего не сделал.
- Испытывать угрызения совести после содеянного и извиниться за содеянное.
- Выйти к кафедре во время богослужения с целью прилюдно попросить Иисуса Христа войти в его или её жизнь.

Прежде чем продолжить, давайте подключим к этому опросу вас, дорогой читатель. Что «покаяние» означает лично для *вас*? Прошу вас воздержаться от дальнейшего прочтения, пока вы не ответите на поставленный вопрос.

Понятие «покаяние» считается одним из важнейших в тексте в Нового Завета. Впервые в Новом Завете это слово встречается в Евангелии от Матфея 3:2, далее – чуть дальше, в Евангелии от Матфея 4:17, где это слово произнесли Иоанн Креститель и Иисус Христос, соответственно. Так, Иоанн Креститель возгласил: «...*покайтесь*, ибо приблизилось Царство Небесное» (Матфея 3:2). Фактически призыв «покайтесь» ознаменовал начало служения Иоанна Крестителя.

С призыва же к покаянию в адрес Своих слушателей начал публичное служение и наш Спаситель. В Евангелии от Матфея 4:17 записаны слова первого обращения Иисуса к миру, т.е. в самом начале Его благовестнического служения: «...*покайтесь*, ибо приблизилось Царство Небесное».

Как Иоанн Креститель, так и Иисус чётко понимали, что единственно возможный путь в Божье Царство открывается через покаяние.

Далее, как записано в Книге Деяний 2:38, в своей первой публичной проповеди озвучивает требование покаяться и апостол Пётр. Как к покаянию призывали всех людей Иоанн Креститель, а затем Сам Иисус, так об этом же перед своими слушателями заявил и Пётр: «*Покайтесь*» (Деяния 2:38).

Апостол прекрасно понимал, что покаяние становится своеобразным «родовым каналом», по которому человек проникает в Божье Царство. Иными словами, только таким образом возможно выйти из царства тьмы и оказаться в Царстве Бога, став духовном возрождённым человеком, исполненным Божьей жизнью.

Слово, использованное Иоанном Крестителем, Иисусом и Петром в греческом подлиннике – *metanoeo*. Это слово состоит из приставки *meta* и корня *nous*. Как известно, приставка *meta* несёт в себе значение «разворота», в то время как корень *nous* означает «разум». При составлении из двух этих частей единого слова, последнее – в самом широком и общепринятом смысле – указывает на *изменённое мышление* или *полное преобразование*. Слово *metanoeo* описывает *поворот на жизненном пути человека, изменение жизненного курса, начало нового направления, совершенно и полностью изменённое поведение как отражение изменённого мировоззрения и отношения к самой жизни.*

В новозаветном греческом языке данное слово обозначает *полное преображение, коренные изменения, кардинальные перемены.* Подразумевается *решение совершенным образом* изменить собственное мышление, поведение, поступки и действия, или, иначе говоря, *«развернуться на месте» и начать мыслить, верить и жить совершенно по-иному.* Так, глагол «покаяться» (или существительное «покаяние»), как оно появляется в тексте Нового Завета, представляет образ человека, жизнь которого коренным образом меняется «от и до», претерпевая полнейшее, всеобъемлющее преображение, которое пронизывает всю его личность, вовлекая в процесс кардинальных перемен абсолютно каждую жизненную сферу.

В данной связи следует также отметить значимость существительного *nous*, входящего в состав греческого слова «покаяние» («покаяться»).

Как было отмечено ранее, существительное *nous* в новозаветном греческом языке понималось как «разум». Это означает, что решение покаяться – *это разумное*, а не *эмоциональное решение.* Это совершенно не то же самое, что мимолётное сожаление о сказанном или сделанном когда-то. Отнюдь! Это твёрдое, *разумное, осмысленное, обдуманное, взвешен-*

ное решение, «развернувшись на месте», полностью изменить жизненный курс и выбрать новый, пересмотреть жизненную позицию и убеждения, определить для себя иную, на сей раз правильную, линию поведения.

Покаяние может сопровождаться эмоциональной реакцией, однако эмоции не являются обязательным требованием для покаяния. *Настоящее* покаяние представляет собой *разумное, обдуманное решение прекратить всё, что неугодно Богу, и обратиться к Нему всем сердцем и разумом, определившись впредь следовать за Иисусом.*

Пожалуй, наилучшим образом объясняет подобный «разворот на месте» апостол Павел в своём Первом послании к Фессалоникийцам, где он хвалит местных христиан за то, как они «...обратились к Богу от идолов, чтобы служить Богу живому и истинному» (1-е Фессалоникийцам 1:9). Глагол «обратились» в данном контексте – это перевод на русский язык греческого глагола *epistrepho*, который следует понимать как «развернуться и проследовать в другом направлении».

По словам Павла, фессалоникийские христиане отвернулись от идолов и принялись «служить Богу живому и истинному». В данном контексте следует обратить внимание на глагол «служить», поскольку он указывает на то, что в результате этого «разворота» жизнь фессалоникийских христиан изменилась явным, видимым образом, так что стали очевидными плоды этих изменений, положительные результаты их полного преображения. Итак, глагол «служить» является переводом греческого глагола *douleuo*, производным которого стало существительное «слуга» или «служитель». Под этим значением подразумевается, что фессалоникийские христиане наотрез отказались от идолослужения, напрочь отвергли идолопоклонничество и полностью, до конца и без остатка посвятили свою жизнь служению Иисусу Христу.

Прибегнув к глаголу *douleuo*, апостол Павел сообщил своим читателям (и нам в их лице), что покаяние людей в этом городе не осталось лишь на словах, в форме громкого заявления. Вовсе нет – фессалоникийцы явили своё покаяние на деле, полностью изменив *своё мышление, мировоззрение, образ жизни и объект своего служения*. Самым веским доказательством и наглядным свидетельством истинности их покаяния стало их поведение, изменённое коренным образом.

Итак, слово «покаяться» – перевод греческого глагола *metanoeo* – указывает на *из-*

менённое мышление, что подтверждается соответствующими действиями. Покаяться – значит не просто сформировать новую жизненную философию или воспринять некую новую идею для жизни. Это значит *обратиться к истине и в истину настолько глубоко, что в результате этого обращения меняется вся жизнь человека.*

Мысль о кардинальном преображении словно «вплетена» во все оттенки значения глагола «покаяться». Более того, если у человека, заявляющего об имевшем место в его жизни покаянии, не заметны ни преображение ума, ни изменения в поведении, ни переосмысление желаний и жизненных устремлений, то, что бы он ни говорил о своих духовных переживаниях, появляется закономерный вопрос, произошло ли у него в действительности *настоящее* покаяние. *Настоящее* покаяние начинается с решения поменять в своей жизни всё, «развернуться на месте». Однако даже при принятии такого решения необходимы явные *доказательства* произошедшего покаяния, когда естественным выражением принятого решения становится изменившееся поведение человека.

Во многих церквях на Западе по-прежнему поют старый гимн «Таков, как есть, без дел, без слов»*. Бесспорно, мы приходим к Богу такими, какими являемся на самом деле. Однако, Бог не ожидает, что мы *останемся* такими, какими были, когда обратились к Нему с покаянием. Бог ожидает от нас перемен, что в своей сущности и подразумевает *настоящее* покаяние.

В последующих главах вы прочтёте о том, что покаяние считается духовной дисциплиной в жизни серьёзно настроенного христианина. Отношения с Богом начинаются с покаяния, а по мере нашего духовного возрастания, Господь Святой Дух будет указывать нам на то, что нам потребуется изменить в себе. И когда он откроет нам всё, что в нашей жизни неугодно Богу, от нас потребуются желание и готовность покаяться в этом, т.е. принять осознанное решение поменять что-то в своём мышлении и поведении, как этого предполагается в соответствии с Божьими установлениями.

---

*В оригинале - гимн «Just As I Am», написанный Шарлоттой Эллиот в 1835 г.

2

ПОЛЕЗНАЯ БОЛЬ

Боль не нравится никому. Однако боль крайне важна, поскольку она сигнализирует нам, например, о том, что в нашем организме что-то ненормально. В этом заключается её назначение. Как мы реагируем на боль? Почувствовав её, мы либо определяем причину и источник боли, либо попросту притупляем чувство дискомфорта при помощи болеутоляющих лекарств. Действие последних длится какое-то время, но, когда обезболивающий эффект лекарственного средства заканчивается, чаще всего болевые ощущения возобновляются, ведь её источник так и не был определён и, соответственно, устранён.

Таким образом, единственный способ полностью избавиться от конкретной боли – это обратиться к первопричине: определить источник боли, установить её причину. Как только это будет выполнено, можно назначать соответствующее лекарственное средство или курс лечения. И только после этого, в большинстве случаев, боль проходит по-настоящему.

Мы живём в такое время, когда людям хочется, чтобы им говорили, что с ними всё будет в полном порядке. Но, по правде говоря, в полном порядке будет далеко не всё, тем более, если ничего не менять. И мы с вами призваны любить людей настолько сильно, чтобы быть с ними предельно честными и откровенными – сказать им, в чём корень проблемы, как бы больно им ни было услышать от нас эту правду.

Проповедовать воодушевляющие проповеди, вне всякого сомнения, замечательно! Более того, подобные проповеди очень нужны в мире, где так много боли, страданий, трудностей и разочарований. Разумеется, нам нужно уметь вдохновлять и поддерживать братьев и сестёр по вере, равно как и неспасённых людей, когда они сталкиваются с жизненными трудностями.

Однако, когда в нашем кругу общения есть неспасённые люди или христиане, сознательно живущие в грехе, мы обязаны сделать всё, что зависит от нас, чтобы они чётко осознали: грех отделяет их от Бога! Между ними и Богом далеко не «всё в порядке»! Возможно, услышать от нас то, что мы им поведаем, будет неприятно и даже болезненно, но ведь это состояние – их объективная действительность! Так что просто предложить «болеутоляющее» неспасённому человеку или тому, кто, потеряв связь с Господом, не поддерживает с Ним живого общения, – это всё равно, что лишь притупить остроту их духовной боли и оставить их по-прежнему в неведении относительно спасающей истины. Нам следует попросить Святого Духа о мудрости – как помочь им открыть глаза и увидеть корень проблемы, который портит и губит всю их жизнь; помочь им осознать их истинное духовное состояние.

В разговоре на тему греха с человеком неспасённым или отступившим от Господа необходимо заострить внимание на *корне* проблемы. Излечить мёртвое во грехах или охладевшее сердце не под силу никаким мотивационным, вдохновляющим и предельно практическим проповедям на всём белом свете! Разумеется, вести себя с людьми, живущими в грехе, следует обходительно, однако проблему греха попросту невозможно разрешить дружеским, одобрительным похлопыванием по плечу или тёплым, любезным объятием!

В Книге Деяний 2:37 и 38 мы читаем, как именно руководимый Святым Духом апостол

Пётр обратился к собравшимся вокруг него в День Пятидесятницы неспасённым людям:

> *Услышав это, они умилились сердцем и сказали Петру и прочим Апостолам: что нам делать, мужи братия? Петр же сказал им: покайтесь...*
>
> **– Книга Деяний 2:37-38**

Пётр возвестил Евангелие без извинений, прямо, бескомпромиссно и совершенно здраво. Он не обрушился на своих слушателей с критикой или обвинениями – как не должны делать это и мы с вами, ведь перед нами стоит задача не отпугнуть, не оттолкнуть, а, напротив, привлечь людей ко Христу. Ругать людей и обращаться к ним в пренебрежительной манере – совершенно не наши методы благовестия! Пусть наши неспасённые слушатели и мертвы в своих грехах, они, тем не менее, остаются Божьим творение, неся на себе отпечаток Его образа! И определённо за них умер Иисус! По этим причинам, даже неспасённые люди заслуживают того, чтобы с ними разговаривали уважительно.

Итак, апостол Пётр обратился к собравшимся с уважением, но при этом говорил с ними прямо, предельно честно и откровенно: он смело указал им на их истинное состояние и положение. От проповеди Петра людям стало крайне неуютно, они ощутили душевную боль, оттого буквально и возопили, умоляя апостола сообщить им, как найти путь к спасению!

Библейское свидетельство того, какое воздействие оказала на людей, собравшихся в Иерусалиме, проповедь Петра, содержится в Книге Деяний 2:37: «Услышав это, они [неспасённые слушатели Петра] умилились сердцем и сказали Петру и прочим апостолам: что нам делать, мужи братия?». Позвольте обратить ваше внимание на фразу «[Они] умилились сердцем». Глагол «умилились» в этой фразе – это перевод греческого глагола *katanusso*, что буквально означает «колоть», «прокалывать», «пронзать», «жалить», «проникать», «поражать».

Кроме данного текста, в Новом Завете глагол *katanusso* употребляется всего лишь единожды – в Евангелии от Иоанна 19:34, где Евангелист и апостол пишет об Иисусе следующее: «… один из воинов копьем пронзил Ему ребра, и тотчас истекла кровь и вода». Так, глагол «пронзил» из Евангелия от Иоанна 19:34 в греческом подлиннике имеет всё тот же корень *nusso*. Иоанн пишет, как солдат *уколом копья пронзил, проткнул* бок Иисуса, оставив в нём *отверстие*. Остриё копья проникло в туловище Иисуса *настолько глубоко*, что пронзило даже Его лёгкие.

Вернёмся к Книге Деяний 2:37, где глагол с греческим корнем *nusso* переведён на русский язык как «умилились» (в синодальном переводе). Так мы понимаем, что слова Петра оказались «пронзительными» – они произвели на совесть его слушателей такой же эффект, какой производит укол острым предметом в мягкое тело с глубоким проникновением в него. От таких слов апостола они почувствовали себя так, словно их душу, их внутренность *вскрыли и широко раскрыли,* словно грудную клетку на столе хирурга-кардиолога во время операции на открытом сердце. Вот какое действие возымела проповедь Петра!

Услышав призывную проповедь апостола, собравшиеся перед ним неспасённые люди были *обеспокоены до глубины души.* Эта проповедь оказалась подобной острому копью, которое резко вонзилось в их естество и *проникло в его глубину;* она *пронзила* их совесть, *раскрыла изнутри их душу, словно вывернув её наизнанку* – так что было затронуто что-то глубоко внутри их существа,

21

их *резануло* по душе и совести настолько сильно и глубоко, что они уже не смогли сдержаться и буквально возопили о помощи! Проповедь Петра *затронула* их за живое, и их разум внезапно осознал, что их душа глубоко грешна, и оттого они ощутили *резкую и острую душевную боль.*

Стоя перед толпой собравшихся неспасённых людей и благовествуя им, апостол Пётр прекрасно понимал, что им нужна истина, способная изменить их изнутри, а не какое-то «болеутоляющее средство», от которого они почувствуют лишь временное облегчение, тогда как истинная проблема так и останется незатронутой. Пётр прекрасно понимал серьёзность критического положения своих слушателей. Апостол ощущал необходимость указать на корень проблемы в жизни стоявших перед ним людей, ведь только так было возможно взяться за устранение проблемы и успешно добиться этого.

Для того чтобы изменилась внутренняя сущность неспасённых слушателей Петра, им требовалось *покаяние.* Уверенно держась этой цели, апостол представил им Евангельскую истину дерзновенно, прямо, открыто и без извинений. В тот день Святой Дух проник глубоко в сердца этих людей и обличил их, указав на их греховное состояние. Причём никого из собравшихся проповедь Петра нисколько не оскорбила! Более того, в Книге Деяний 2:41 говорится о том, что неспасённые люди приняли его слова «охотно».

Обычно люди испытывают благодарность к тому, кто говорит им правду, даже когда это доставляет им боль, по крайней мере, в первое время. Когда дело касается серьёзных вещей, обычно люди признательны за честность и ценят прямоту и откровенность. В результате проникновенной проповеди апостола Петра, которую он произнёс с предельной честностью, в тот День Пятидесятницы к Божьему Царству присоединилось свыше 3000 спасённых людей! Такой результат поистине впечатляет!

Когда мы ставим неспасённых или отступивших от Господа перед фактом их истинного духовного состояния, совсем не обязательно грубить им и осуждать их. Но притом верно и обратное: нам непозволительно «разбавлять» истину и извиняться перед людьми за Бога и Библию!

Когда истина представляется чётко, ясно и в силе Святого Духа, в руках у Святого Духа оказывается острый с обеих сторон меч Божьего Слова, с помощью которого Он и прокладывает себе путь в глубину человеческого сердца. Когда же Евангельская истина разбавлена, остриё духовного меча словно притупляется, и Святому Духу приходится изрядно потрудиться, чтобы успешно пронзить стены и ворота духовных твердынь, настроенных в разуме людей бесами, греховными привычками, рабством в конкретных грехах и делами тьмы.

Разумеется, нам обязательно нужно позволить Святому Духу направлять нас в процессе благовествования, чтобы мы хорошо понимали, когда, как именно и кому именно из неспасённых или отступивших от Господа возвещать Евангелие. Затем, когда мы обратимся к конкретному человеку в духе сострадания, но притом со всей смелостью и предельной откровенностью, непременно будет определён корень главной проблемы в жизни этого человека, и у него появится возможность покаяться и позволить Святому Духу Его силой устранить имеющуюся духовную проблему в корне!

Никогда не стоит забывать, что Евангелие называется и является «силой Божьей ко спасению» (см. Римлянам 1:16). Нам совершенно не стоит стыдиться Евангельской вести или извиняться за требования, установленные в Библии Самим Богом для каждого, кто в Нему приходит!

Когда собравшиеся перед Петром люди услышали его проповедь, от прикосновения Евангельской истины их сердца раскрылись для Бога настолько широко, что они воскликнули: «...что нам делать, мужи братия?» (Деяния 2:37). Эти люди попросили апостола Петра и других апостолов рассказать им, какие конкретные действия им требуется предпринять, чтобы примириться с Богом. В ответ на эту отчаянную просьбу Пётр смело и дерзновенно заявил: *«Покайтесь!»*.

Именно такая последовательность действий должна стать для нас примером при благовествовании, когда мы вступаем в общение с неспасёнными людьми или теми, кому нужно восстановить нарушенное общение с Господом. От нас ожидается, что мы представим истину убедительно, в духе сострадания, чётко, понятно и вразумительно – словом, так, чтобы слушающий нас человек смог увидеть настоящий корень своей духовной проблемы, осознать своё истинное состояние и положение. От нас не требуется утешать неспасённых или отступивших людей, чтобы у них создалось впечатление, будто с ними, «в принципе, всё в порядке», пусть они и живут во грехе. Напротив, мы призваны помочь им осознать потребность в покаянии.

По правде говоря, возможно, услышав наши слова, собеседник ощутит дискомфорт, но это чувство дискомфорта, словно укол в сердце, вполне может оказаться тем недостающим последним шагом на пути, который приведёт его к покаянию. Грех с его последствиями влияет на судьбу человека в вечности, и, если физическая смерть настигает человека в этом состоянии, его удел в вечности, увы, уже ничем и никак не изменить!

Что касается положения неспасённого человека, ставки весьма и весьма высоки! Неверный выбор непременно повлечёт за собой вечные последствия – муки в аду, когда душа грешного человека будет навеки отлучена от присутствия любящего Бога. Что же касается отступивших христиан, они рискуют потерять так много, решая променять послушание Богу на греховные удовольствия и осознанную непокорность Господу. Если нам не всё равно, что станет с такими людьми, мы с любовью скажем им всю правду, дабы помочь им опомниться, духовно «протрезветь», прийти в себя, расставить свои приоритеты правильно и впредь бодрствовать.

Вспомните, кому из ваших знакомых или друзей нужно принять Иисуса в качестве Спасителя. Вспомните и тех, кто, будучи христианином, отошёл от Господа, и теперь ему нужно вновь посвятить себя Ему. Вы любите их настолько, чтобы встретиться и поговорить, раскрыв им Евангельскую истину, объяснив, насколько серьёзным, по библейским меркам, является их нынешнее положение? Если бы неспасённым человеком – или отступившим от Господа – сегодня, сейчас, были вы, неужели вы не обрадовались бы, встретив кого-то из верующих, кому вы оказались небезразличны, и он сказал вам всю правду?!

3

ЧТО ТАКОЕ
«ПЕЧАЛЬ РАДИ БОГА»?

При изучении Нового Завета становится очевидным то, что для обращения к Богу неспасённому человеку требуется покаяние. Между прочим, оно является жизненной необходимостью, а также неотъемлемой составляющей в отноше ниях с Богом и для каждого посвященного христианина! Однако важно понимать: настоящее покаяние *не имеет ничего общего* с сожалением о том, что человек сказал или сделал!

Эту разницу мы чётко видим в описании жизни и служения Коринфской общины. В своём Первом послании к Коринфянам апостол Павел обозначил целый спектр проблем, возникших в тамошней церковной общине, среди которых имели место, например, распри, эгоизм и эгоцентризм, тщеславие и пьянство. Однако самой «нашумевшей» проблемой из всех стал случай вопиющей безнравственности и нечистоты, когда один из братьев в этой церкви совершал блудодеяние с женой его отца (см. 1-е Коринфянам 5:1).

Павел был настолько поражён и возмущён по случаю такой распущенности, что в обращении к коринфским христианам написал о неслыханности подобного развращённого поведения даже среди неспасённых людей. Павел любил эту церковь и потому не хотел, чтобы ей угрожало что-либо подобное. Следовательно, он настоятельно увещевал тамошних христиан принять срочнейшие меры против таких духовно отравляющих проявлений греха, которые, в противном случае, грозили «заразить», т.е. осквернить *всю* церковь.

Из Второго послания к Коринфянам становится очевидным, что местные верующие отнеслись к увещеваниям апостола Павла со всей серьёзностью и ответственностью. Судя по тексту этого послания, коринфские христиане были постыжены и опечалены тем фактом, что апостолу Павлу пришлось обличать и укорять их за подобные явления в их среде. И вот как пишет об этом сам Павел: «...я опечалил вас посланием...» (2-е Коринфянам 7:8). Глагол «опечалил» в этом стихе является переводом на русский язык греческого глагола *lupeo*, в корне которого кроется значение «боль» или «печаль, скорбь». Как можно понять, первое послание Павла Коринфской церкви вызвало у его братьев и сестёр ощутимую *боль, глубокую печаль* или даже *скорбь*. Павлу стало известно о такой реакции коринфян на его строгое обращение, и потому он продолжает своё второе послание к ним следующими словами: «...ибо вижу, что послание то опечалило вас...». Обратите внимание: в одном и том же стихе (2-е Коринфянам 7:8) мы дважды читаем о признании Павлом того факта, что после получения его предыдущего послания коринфские христиане испытали печаль и скорбь. Однако уже в следующем стихе – 2-е Коринфянам 7:9 – апостол пишет: «Теперь я радуюсь не потому, что вы опечалились, но что вы опечалились к покаянию; ибо опечалились ради Бога...». Глагол «опечалились» в этом стихе – всё тот же *lupeo* в тексте оригинала, что, напомним, понимается как «боль», «печаль». Существительное «покаяние» здесь же – это уже известное нам *metanoeo*, указывающее на *полное, совершенное, кардинальное изменение жизненного курса и позиции*. Как упоминалось ранее, покаяние говорит о *решении измениться совершенным образом; «развернуться на сто восемьдесят градусов» и начать думать, верить и поступать совершенно по-иному, по-новому, правильно*.

Апостол Павел свидетельствует о том, что коринфские христиане не просто прочли его предыдущее послание-обращение, а приняли его к сведению, вняли ему и, сделав соответствующие выводы, решили *измениться*. Более того, они решили послушаться Павла до такой степени, что в результате своего решения пережили полное преображение! Они изменились до неузнаваемости: от их прежнего греховного состояния, за которое Павел их обличил в предыдущем послании, не осталось и следа! Таким образом, целиком Второе послание к Коринфянам 7:9 можно было бы истолковать следующими словами: *«Я радуюсь не тому, что заставил вас ощутить боль и печаль, но тому, что моё послание побудило вас принять твёрдое решение измениться, и это исходило из глубины ваших сердец…»*.

Далее Павел поясняет свою мысль так: *«…ибо [вы] опечалились ради Бога…»*. Словосочетание «ради Бога» можно было бы перевести следующим образом: *«Ваша боль стала результатом Божьего вмешательства в вашу жизнь»*. Воспользовавшись предыдущим посланием апостола Павла, Святой Дух кольнул сердца коринфских христиан обличением во грехе, и Павел сразу же это признал и отметил.

Несмотря на то, что скорбь, которую ощутили коринфские христиане, была вызвана, вероятнее всего, Павловым посланием, в действительности, их сердца опечалились потому, что за них «взялся» Святой Божий Дух! Поэтому исследуемый нами стих можно прочесть следующим образом: *«Я радуюсь не потому, что заставил вас ощутить боль и печаль, а потому, что моё послание побудило вас к изменениям. Ваша боль стала результатом Божьего непосредственного вмешательства в вашу жизнь…».*

Коринфские христиане отреагировали на Божье обличение незамедлительно. В действительности, их действия в ответ на указания апостола Павла оказались настолько скорыми и основательными, что уже в следующем своём послании в эту церковь апостол заявляет: «Ибо то самое, что вы опечалились ради Бога, смотрите, какое произвело в вас усердие, какие извинения, какое негодование [на виновного], какой страх, какое желание, какую ревность, какое взыскание! По всему вы показали себя чистыми в этом деле».

Более не желая огорчать Святого Духа, христиане Коринфа незамедлительно покаялись и очистились от греха и плотского образа жизни. Их действия стали внешним *свидетельством искреннего* покаяния.

Как мы успели увидеть, настоящее покаяние производит в человеке – его мышлении и поведении – неоспоримое преображение. Кардинальные перемены в Коринфской церкви были достаточно очевидны для того, чтобы апостол Павел заявил, что они полностью «чисты» в том «деле», в котором прежде были запятнаны скверной греха. Сейчас они стояли перед Богом полностью оправданными!

Вам когда-нибудь становилось печально от осознания того, что вы согрешили и этим опечалили Бога? Если да, вы дали этой печали «ради Бога» – благочестивой печали – произвести в вас своё полное и совершенное действие, чтобы в вашем сердце появилось желание измениться? Изменились ли после этого ваши характер, поведение и образ жизни? Или вы попросту «отмели» это неприятное ощущение и таким образом воспротивились действиям Бога, так и не позволив Его благодати очистить вас для дальнейшего духовного роста и плодоносности?

Когда мы чутки к действиям Святого Духа и прислушиваемся к Его голосу, тогда, даже совершив что-то, что огорчает Бога, мы непременно услышим Его обращение к нам по этому поводу. И когда это произойдёт, мы окажемся перед выбором: огрубить своё сердце и сделать вид, будто мы не услышали, что сказал нам Святой Дух, *или* позволить Святому Духу как следует поработать с нами и произвести в нас желание *больше никогда* не совершать этот конкретный грех или другие, ему подобные.

Бог желает в процессе сотрудничества с нами преобразить нас изнутри, однако от нас для этого требуются открытые сердца – желание и готовность положительно ответить на Божий призыв к преображению.

Вспомните, как Святой Божий Дух обычно пытается «достучаться» до вашего сердца. Вы можете, положа руку на сердце, заявить, что давали «печали ради Бога» произвести внутри вас завершённое действие, в результате которого в вас должно было родиться непреклонное желание измениться и впредь никогда не отступать от Божьего замысла, как вы позволяли себе делать это в прошлом? Что бы вы ни натворили, коль скоро вы готовы искренне покаяться перед Богом, Он предлагает вам прощение и силу, необходимые для преображения – полного, кардинального, совершенного. *Выбор – за вами!*

4

В ЧЁМ РАЗНИЦА МЕЖДУ УГРЫЗЕНИЯМИ СОВЕСТИ, ЧУВСТВОМ ВИНЫ, СОЖАЛЕНИЕМ И ПОКАЯНИЕМ?

Мне вспоминается один случай, произошедший со мной в детстве, которое я провёл в церкви, и оставивший глубокий след в моей памяти на всю жизнь – случай, благодаря которому я чётко осознал огромную разницу между двумя явлениями: *угрызения совести* и настоящее *покаяние*. Каждый год в нашей церкви проводились собрания духовного пробуждения. На одном из таких собраний посетивший нашу церковь евангелист проповедовал об аде. Слушая его проповедь, я ощутил настолько сильное и глубокое обличение в грехе, что сразу же посвятил свою жизнь Иисусу.

Однако уже вскоре после этого обращения, хотя я, как полагается, выходил к кафедре и публично принимал Христа, у меня возникли серьёзные сомнения в подлинности моего спасения. Причиной возникновения этих сомнений стали мои наблюдения за другими людьми в нашей церкви, которые, как и я, принимали спасение, но делали это совершенно по-другому – совсем не так, как сделал я.

Склонившись перед кафедрой, взрослые мужчины и женщины часто плакали – даже рыдали, в то время как я при покаянии ни проронил ни слезинки! Дьявол принялся мучить меня каждый день мыслями вроде *«почему же ты, стоя перед кафедрой, не рыдал?! Разве ты не посвятил себя Христу?! Так, может, ты вовсе и не спасён?! Если ты искренне и всерьёз покаялся, разве тебе не нужно было плакать, как это делали все, кто каялся и принимал спасение?!».*

Благо, что при регулярном посещении церкви у человека появляется достаточно времени для наблюдения за людьми и прекрасная возможность узнавать что-то важное, чтобы прийти к определёнными выводам. Так, со временем я начал замечать одну существенную закономерность. Зачастую те, кто в череде собраний духовного пробуждения, выходя к кафедре во время призыва к покаянию, плакал крокодильими слезами, оказывались у этой кафедры неизменно *каждый год!*

Я также заметил, что, выйдя из дверей церкви, многие из тех, кто плакал навзрыд, не появлялись на богослужениях до тех пор, пока годом позднее вновь не начинались такие же собраний духовного пробуждения! И тогда уже знакомая мне картина повторялась в точности так же, как и годом ранее: эти люди вновь опускались на колени перед кафедрой и вновь безутешно рыдали.

В конце концов меня осенило, в чём заключалось причина этого явления. Многие из ежегодно приходивших на собрания пробуждения и плакавших столь горько и безутешно в действительности нисколько не менялись! И хотя, стоя на коленях перед кафедрой, они израсходовали едва ли не целую пачку салфеток, постепенно для меня становилось очевидным, что в их жизни не происходило ничего глубже проливания горьких слёз. Со временем я окончательно осознал, что эмоциональное сопровождение покаяния может вовсе не означать, что это самое покаяние произошло в действительности и по-настоящему. Зачастую слёзы являются свидетельством *угрызений совести* – и не более! Настоящее же покаяние в корне отличается от угрызений совести.

В результате покаяния в человеке происходят *кардинальные перемены*, в то время как угрызения совести приводят лишь к естественной *грусти*. И именно эту грусть многие ошибочно принимают за настоящее покаяние! А ведь между покаянием и угрызениями совести существует огромнейшая разница!

Пожалуй, ярчайшим примером угрызений совести в тексте Нового Завета стал отрывок в Евангелии от Матфея 27:3-5, в котором описывается состояние Иуды Искариота после того, как он предал Иисуса. Вот что написано в упомянутом отрывке: «Тогда Иуда, предавший Его, увидев, что Он осужден, и, раскаявшись, возвратил тридцать сребренников первосвященникам и старейшинам, говоря: согрешил я, предав кровь невинную. Они же сказали ему: что нам до того? смотри сам. И, бросив сребренники в храме, он вышел, пошел и удавился». Обратите внимание, что в этом отрывке нам встречается деепричастие «раскаявшись» (ст. 3). Обычно после покаяния никто не вешается, не так ли? Так что же произошло с Иудой Искариотом на самом деле? Ответ на этот вопрос скрывается в самом слове «раскаявшись».

В оригинале Нового Завета на месте данного слова используется не *metanoeo*, уже прекрасно известное нам как «покаяние» или «покаяться», а другое греческое слово – *metamelomai*.

Этим словом описывается человек, пребывающий в состоянии эмоционального потрясения. В Новом Завете слово *metamelomai* встречается пять раз, и в каждом из этих случаев мы читаем о *грусти, печали, скорби* или *трауре*, которые оно выражает. Слово *metamelomai* редко рисует образ человека, намерившегося что-то поменять в своей жизни. Скорее, речь идёт о том, кто оказался в плену *угрызений совести,* в состоянии *глубокого сожаления с острым ощущением вины* – но не более.

- Слово *metamelomai* может пониматься как угрызения совести, которые человек испытывает в результате совершённого поступка, трактуемого им самим как неверный. Если бы этот человек пожелал понастоящему покаяться и измениться, ему была бы предоставлена такая возможность через Божье прощение. Но, поскольку никаких намерений покаяться, т.е., прекратив греховные действия или образ жизни, измениться к лучшему и исправить всё то неправильное, что было совершено, у человека не имеется, он переполнен чувством вины и ощущает *угрызения совести.* Они буквально сковывают его. Следовательно, подобное эмоциональное состояние *не приводит ни к каким изменениям в образе жизни человека,* и ни о каком покаянии не идёт и речи.

- Слово *metamelomai* может также указывать на чувство вины, которое человек испытывает после того, как осознал, что совершил неверный поступок, понимая при этом, что *он будет продолжать «в том же духе», т.е. он не имеет ни малейшего намерения изменить свой нынешний образ жизни.* Человеку стыдно за то, что он делает, однако он всё равно продолжает делать это, в результате чего его «накрывает», словно волной, непрекращающееся чувство вины. Это ощущение не производит в образе жизни и поведении человека *никаких изменений.* Решением этой проблемы может стать только искреннее покаяние. Лишь оно полностью устраняет ощущение вины.

- Слово *metamelomai* лучше других характеризует сожаление, которое испытывает человек, будучи пойманным с поличным – за совершением чего-то неправильного. В таком состоянии человек вовсе не кается в совершении греха, а испытывает сожаление лишь оттого, что он *попался,* что его *поймали с поличным,* ведь теперь у него будут серьёзные неприятности. И вместо того чтобы по-настоящему покаяться, человек сожалеет, что его-таки поймали и теперь он будет вынужден понести на себе груз ответственности и отвечать за последствия своих поступков. Более чем вероятно, что, не окажись он пойманным с поличным, он спокойно и уверенно продолжил бы делать то, за чем его и поймали. Подобное чувство сожаления также не приводит к *каким бы то ни было изменениям в сердце*, поведении и образе жизни человека.

Итак, поскольку в Евангелии от Матфея 27:3-5 используется слово *metatelomai*, мы понимаем, что Иуда Искариот в действительности не «раскаялся» («покаялся») в том смысле, что ему стало печально после совершённого греха и он решил примириться с Богом. Нет, Иуда испытывал *угрызения совести*, его переполняло острое *чувство вины и сожаления*. Своими же собственными действиями Иуда лишил себя возможности занимать высокое положение в ближайшем окружении Иисуса, и, прекрасно это понимая, он преисполнился чувством жалости к самому себе. *Причём самосожаление он ощущал гораздо острее, нежели сожаление о том, что участвовал в предательстве Иисуса!*

Не поймите меня превратно: настоящее покаяние также может сопровождаться определённой эмоциональной реакцией, в том числе и со слезами. Когда христианин согрешает против Святого Духа, в результате своих действий он естественным образом ощущает благочестивую печаль и скорбь. Однако благочестивая печаль (у Павла – «печаль ради Бога») производит не одни лишь слёзы. Она рождает в сердце христианина желание измениться, в результате чего происходит избавление, освобождение и спасение в самом полном смысле этого слова! Только представьте себе, насколько разительно отличается настоящее покаяние с «печалью ради Бога» от «печали мирской», *при которой человек ощущает безнадёжность своего положения, пребывает в состоянии полного поражения и глубокого отчаяния.*

Пусть сатана и мучил меня в детстве сомнениями насчёт моего спасения потому, что я не плакал при покаянии, я знаю, *что, определённо, получил спасение!* А не проронил и слезинки я лишь потому, что *на момент покаяния и спасения мне было всего пять лет*, и к тому времени я попросту ещё не успел совершить тех ужасных грехов, из-за которых взрослые люди плачут крокодильими слезами!

Даже если я и не поплакал, моё *решение* служить Иисусу было твёрдым и бесповоротным, а, значит, покаяние по-настоящему произошло! В результате этого переживания я научился впредь не путать рыдание с покаянием.

Слёзы и эмоции могут сопровождать решение покаяться, но вовсе не являются ни его требованием, ни его обязательным признаком; они ровным счётом ничего не доказывают, и ничего не опровергают!

Напомню: греческий глагол, который переводится на русский язык как «покаяться», – это *metanoeo*, и в нём сокрыт *смысл полного разворота в мышлении человека, образе жизни, поведении и поступках.* При покаянии человек принимает осознанное решение изменить свою жизнь – и этого решения достаточно! Далее вступается Бог, Который помогает человеку измениться. Однако решение измениться – пусть и с Божьей помощью – всегда остаётся за человеком!

Так в чём же всё-таки заключается разница между чувством вины, угрызениями совести и покаянием?

- *Вина* – это тюрьма, оказавшись в которой, человек пребывает в постоянном рабстве и *не меняется.*

- *Угрызения совести* порабощают человека посредством печали, которая переполняет душу настолько, что нахлынувшие чувства и ощущения – такие, как печаль, подавленность, безнадёжность – *препятствуют изменению его мышления.*

- *Сожаление* сосредоточивает все мысли и внимание человека на нём самом, на его личной потере, а не на боли или ущербе, которые он причинил другому человеку или Богу. Следовательно, *сожалеющий человек также не меняется.*

- *Покаяние* же является обдуманным решением измениться, рождающимся в сердце, а потому уверенно приводит к *изменениям.* И когда в сердце и разуме человека происходит настоящее, искреннее покаяние, можно быть уверенным в том, что Святой Дух изольёт Свою силу и этой силой реализует решение человека изменить свою жизнь. В результате такого сотрудничества с Богом для человека рождается настоящая *свобода*!

Настоятельно рекомендую вам, дорогой читатель, уделить достаточное количество времени для общения со Святым Духом обо всём, что вы прочли в настоящей главе. Это что-то личное, между вами и Богом. Предоставьте Богу возможность провести вас по всем «комнатам» вашей души, заглянуть за все её «двери» и во все её уголки. Пусть Он поможет вам увидеть то, что вам непременно следует увидеть, чтобы всё больше соответствовать тому образу, который Бог создал индивидуально для вас!

В вашей жизни есть области, в которых вас постигает чувство вины, у вас возникают угрызения совести и сожаление, но в этих областях вы никоим образом не меняетесь? Может ли быть так, что вы до сих пор не приняли по-настоящему твёрдого и осмысленного решения измениться, и по этой причине в определённых областях своей жизни вы так и не научились побеждать и оставаться победителем?

Если вы один из тех людей, что принимают слёзы за доказательство настоящего покаяния, теперь вам известно, что вы не обязаны полагаться на эмоции и зависеть от чувств, когда вам необходимо покаяться. Если Бог обращается к вам с призывом что-то поменять в жизни, вы можете покаяться незамедлительно и там, где вас застал этот призыв – и неважно, что вы при этом ощущаете или чего не ощущаете!

5

ПОКАЯНИЕ – ОСНОВОПОЛАГАЮЩИЙ ПРИНЦИП

Поразительно, но факт: множество наших современников-христиан не понимают значение духовных истин, раскрываемых в четырёх предыдущих главах настоящей книги. Что бы вы подумали о взрослом человеке, который, дожив до зрелого возраста, так и не удосужился элементарно выучить алфавит и потому вынужден вновь и вновь изучать букварь первоклассника, причём сидя за партой вместе с другими первоклассниками?! Представьте, что со дня окончания им первого класса начальной школы минуло 50 лет или вроде того! Приближаясь к своему шестидесятилетнему юбилею, он по-прежнему сидит за маленькой партой в классе, окружённый «первоклашками»! Согласитесь, вы вряд ли сочли бы подобный случай нормальным и естественным.

Каким бы странным ни представлялся вам такой сценарий, в христианском сообществе

ПОКАЯНИЕ – ОСНОВОПОЛАГАЮЩИЙ ПРИНЦИП

что-то подобное, к сожалению, – весьма распространенное явление. Многие христиане, знающие Господа не один год, так и остаются духовно незрелыми – в точности такими же, какими они были при покаянии, т.е. духовными младенцами. Они так и не нашли себе применения в церкви и служении, как следует не задумывались о своём духовном росте, так что в результате этого застряли на начальном уровне духовной зрелости, фактически, оставаясь незрелыми.

Такие верующие приняли спасение много лет назад, но, образно говоря, по-прежнему сидят среди «начинающих» в малышовой группе церковного детского служения. Их духовное состояние должно было измениться в направлении зрелости, но, поскольку они не проявили должного прилежания в своих отношениях с Богом, им приходится вновь и вновь повторять основы христианской жизни – и вновь к ним возвращаться.

В Послании к Евреям 6:1 и 2 перечисляется то, что, по мнению автора этого послания, относится к «начаткам учения Христова»: **Посему, оставив начатки учения Христова, поспешим к совершенству; и не станем снова полагать основание обращению от мертвых дел и вере в Бога, учению о крещениях, о**

**возложении рук, о воскресении мертвых и
о суде вечном.**

Существительное «начатки» в ст. 1 – это
перевод греческого существительного *arches*,
под которым понимали что-то первоначальное,
раннее, изначальное. В Послании к Евреям 6:1
существительное *arches* конкретно указывает
на элементарные, *базовые, основополагающие*
принципы учения Христова.

Вкупе эти основополагающие принципы формируют христианское учение для
начинающих христиан, т.е. *новообращённых*.
Они включают в себя основные духовные
принципы, которым должен быть обучен
каждый новообращённый христианин, а также первые шаги в вере, которые должен сделать каждый, кто пришёл ко Христу совсем
недавно. Иными словами, это так называе-
мый «алфавит христианской веры», и беда в
том, что многие христиане не совсем хорошо
знакомы с этими элементарными принципа-
ми. Более того, некоторым христианам они и
вовсе не известны. Тот факт, что верующие
в Иисуса так и не ознакомились с этими ос-
новополагающими истинами христианского
вероисповедания, объясняет, почему по-
следователи Христа сталкиваются с невы-
нужденными препятствиями и совершают

ошибки, которых вполне можно было бы избежать! Будь они научены в самом начале своего христианского пути, чтобы затем применить эти знания и истины в жизни и служении Богу, им вполне удалось бы продвинуться в отношениях с Господом гораздо глубже и дальше, нежели есть сегодня, и, следовательно, у них получалось бы гораздо успешнее справляться с жизненными трудностями, возникающими на их пути. Но, поскольку они толком так и не уделили времени для того, чтобы научиться этим основам веры, они по-прежнему «сидят за партой» с духовными «первоклашками»!

Первым среди жизненно важных, основополагающих принципов, изложенных в 6-й главе Послания к Евреям, упоминается «...основание обращению от мертвых дел...» (ст. 1). Существительное «основание» – это перевод греческого слова *themelios*. Это слово сформировалось в результате соединения основы *lithos*, что переводится как «камень», и грамматической формы глагола *tithemi*, что означает «класть». Полученное таким образом слово *themelios* обрело следующее значение: *что-то, запечатлённое в камне; основание или фундамент, который невозможно сдвинуть с места или потрясти; что-то настолько* прочное и основательное, что способно выдержать испытание временем. Если составить из всех этих определений с их разными оттенками значения что-то общее, то и вырисовывается причина, по которой существительное *themelios* было переведено на русский язык как «основание».

Использовав греческое слово *themelios*, автор Послания к Евреям сообщил нам, что если мы относимся к жизни с Богом со всей серьёзностью, то наше понимание покаяния станет духовным фундаментом, сравнимым *с каменной плитой, положенной прочно, надёжно и основательно*. Принцип, или истина, о спасении должна стать в нашей жизни непоколебимым основанием, чтобы нас *невозможно было сдвинуть с места, потрясти или увести в сторону* в таком важном вопросе, как покаяние.

Однако у многих христиан в сегодняшней Церкви дело с основательным понимаем покаяния, к сожалению, обстоит совершенно не так. Как уже упоминалось ранее, множество людей, заявивших о себе во время опроса общественно мнения как о христианах, посещающих церковь, оказались неспособными дать более или менее чёткое определение слову «покаяние» или «покаяться»!

Это тревожная тенденция, ведь она говорит о том, что уровень духовной зрелости у большинства христиан весьма и весьма низок. Вне зависимости от их физического возраста, равно как и количества лет, проведённых с Богом, множество этих людей по-прежнему «первоклассники» в духовных вопросах. Если они, как и прежде, не в состоянии дать сколь бы то ни было вразумительного ответа на такой простой вопрос, то они по-прежнему *живут и мыслят на уровне «духовного детсада»!*

В Послании к Евреям 6:1 говорится, что наши познания относительно покаяния должны быть настолько основательными, прочными и непоколебимыми, что ни у кого не должно возникать необходимости повторять эту тему вновь и вновь или осваивать эти истины как будто в первый раз. В упомянутом стихе встречаются следующие слова: *«...не станем снова полагать* основание обращению от мертвых дел...».* Выделенное курсивом словосочетание *«не станем снова полагать»* является переводом греческого слова со значением «закладывать», «класть на землю». Использование этого слова в оригинале Послания к Евреям 6:1 свидетельствует о том, что элементарные принципы христианской веры должны быть заложены в нашей жизни – как только мы приходим ко Христу – подобно мощному и крепкому фундаменту. И как только это основание окажется надёжно на своём законном месте, впредь уже не должно возникать необходимости – *никогда, ни разу* – перезакладывать это основание.

Более того, Послание к Евреям 6:1 повествует, что и опытные христиане также должны оставить основополагающие духовные истины позади и «поспешить к совершенству». Деепричастие «оставив» в данном стихе (в синодальном переводе Библии) является переводом одной из производных грамматических форм греческого глагола *aphiemi*, который означает «оставить или прекратить что-то» или «навсегда попрощаться с чем-то». Речь идёт не о том, что духовно зрелым верующим следует прекратить исповедание христианских истин, а, скорее, о том, что духовная зрелость в отношениях с Господом требует непременного возрастания и перехода от предыдущего уровня духовной зрелости к следующему. *Иными словами, начало христианского пути – это не остановочный пункт, а лишь начало!* Вот почему автор Послания к Евреям продолжил словами о том, что мы обязаны «поспешить к совершенству».

Кстати, глагол «поспешить» – это перевод греческого глагола *phero*, что понимается как «нести», «переносить». Однако через временную форму этого глагола в оригинальном тексте подчёркивается, что для нашего блага проявляется *некая духовная сила, несущая нас вперёд; или сила, которая помогает христианам нести друг друга.* Буквально этот глагол можно было бы перевести как «давайте сделаем так, чтобы нас понесли», посредством чего выражается следующая мысль: по мере нашего духовного возрастания, Святой Дух поднимает нас и персонально несёт нас вперёд в нашем познании и понимании Бога.

Но возникает вопрос: куда именно несёт нас Святой Дух? В Послании к Евреям 6:1 говорится, что Он несёт нас к «совершенству». Существительное «совершенство» – это перевод греческого существительного *teleiotes,* которое указывает на *ребёнка, окончившего один класс и переходящего в следующий; и так до тех пор, пока он не окончит школу.*

Это означает, что до тех пор, пока мы не встретимся лицом к лицу с Иисусом на Небесах, наш духовный рост может и должен продолжаться! По этой причине, тот факт, что христианин, идущий за Богом уже не один год, оказывается не в состоянии чётко и конкретно объяснить, что же такое «покаяние», заставляет всех нас серьёзно задуматься! Такому верующему следовало продвинуться в духовной зрелости гораздо глубже, дальше и выше, однако вместо такого продвижения, человек «застрял» в духовном детсаде!

Почему же нам так важно и необходимо знать и понимать учение о покаянии – основополагающее христианское учение? Как обсуждалось в начале настоящей книги, существительное «покаяние» в Новом Завете указывает на *полную, основательную, кардинальную перемену жизненного курса человека*. Речь идёт о *решении совершенным образом поменять всю свою жизнь; о решении развернуться «на месте» в образе мысли, жизни и поведении, заменив все свои прежние убеждения на новые, истинные, библейские.* Данное слово рисует образ человека, сущность, естество которого претерпевает полное, кардинальное преображение, что влияет буквальным образом на все сферы жизни этого человека.

Мы увидели, что покаяние не является мимолётным сожалением, временным ощущением печали и скорби о действиях, совершённых в прошлом. Вовсе нет! Это тщательно обдуманное, спланированное, а потому – твёрдое и окончательное решение развернуться «на месте» и начать следовать новому жизненному курсу. В результате такого решения и в процессе его воплощения полностью меняются все убеждения и формы поведения человека – на всех уровнях его жизни и отношений. Покаяние – это разумное и волевое решение обратиться к Богу всем своим сердцем и далее следовать за Иисусом с полным посвящением Ему.

Итак, покаяние – это и начальный пункт, отправная точка для каждого, кто становится христианином, и образ жизни для того, кто верит в Иисуса Христа уже продолжительное время. Если мы воспринимаем свои отношения с Богом со всей надлежащей серьёзностью – а так и есть, то мы должны быть всегда готовы покаяться сразу же после того, как имели неосторожность совершить что-то не подобающее христианину и христианскому образу жизни. Покаяние – это элементарный, т.е. основополагающий принцип-действие христианской жизни. Это наша отправная точка и, вместе с тем, неотъемлемая составляющая подлинно христианского образа жизни. Именно в этой точке начинается наше отвращение от греха, и именно в этой же точке мы покоряемся – и делаем это постоянно – господству Иисуса Христа.

Итак, пусть же истины, с которыми вы повстречались при прочтении настоящей книги, помогут вам убедиться в том, что – или позаботиться о том, чтобы – ваше понимание этого основополагающего, хотя и элементарного, учения стало прочным, надёжным и непоколебимым основанием всей вашей жизни. Как только вы крепко-накрепко обоснуетесь и утвердитесь в образе жизни постоянного покаяния и непрекращающегося подчинения Господу, Его Святой Дух понесёт вас вперёд – к новым горизонтам духовной зрелости!

Вас ждёт продолжение пути с Господом, и на этом пути непременно раскроется великий Божий замысел относительно вашей жизни!

МОЛИТВА О СПАСЕНИИ

Когда Иисус входит в вашу жизнь, вы незамедлительно освобождаетесь. Вы обретаете полную свободу от власти греха! Если вы до сих пор не приняли Иисуса Христа как своего Спасителя, настала пора сделать это и испытать на своём собственном опыте, каково это – начать жизнь заново! Первый шаг к этой свободе очень прост. Помолитесь этими словами, вдумываясь в каждое из них:

Господь, мне не хватит слов, чтобы как следует отблагодарить Тебя за всё, что Ты сделал ради меня на Голгофском кресте. Иисус, я не достоин такой жертвы, но Ты всё равно пришёл на землю ради меня и отдал Свою жизнь, чтобы подарить мне спасение. Я каюсь в том, что не покорялся Тебе и отвергал Тебя, и сейчас же прекращаю греховный образ жизни. Я обращаюсь к Тебе и принимаю Тебя как моего Спасителя. Прошу Тебя: смой с меня грехи Своей драгоценной кровью и сделай

57

меня совершенно новым человеком в Тебе. От всего сердца благодарю Тебя, Иисус, ведь Ты сделал для меня то, что не мог сделать никто другой. Если бы Ты не пожелал с готовностью отдать за меня Свою жизнь, я пропал бы в своих грехах навеки.

Иисус, благодарю Тебя за то, что сейчас я искуплен Твоей кровью. На Кресте Голгофы Ты понёс мои грехи, мои болезни, мою боль, мои страхи и тревоги, все мои страдания. Твоя кровь смыла с меня грехи, и теперь я белее снега, я праведен в Божьих глаза, и мои отношения с Ним наконец исправлены. Отныне мне не за чем стыдиться своего прежнего поведения, потому что я стал новым творением в Господе. Всё прежнее для меня навсегда ушло в прошлое, и теперь всё для меня стало новым благодаря Иисусу Христу, в Котором я живу (2-е Коринфянам 5:17).

Благодаря Тебе, Иисус, отныне я прощённый человек, я полон душевного мира и покоя, да ещё и стал сонаследником с Тобой! У сатаны больше нет права претендовать на мою жизнь и мою свободу. С благодарным сердцем я буду верно служить Тебе до последнего дня своей земной жизни!

Если вы произнесли эту молитву от чисто-го сердца, то с вами только что произошло что-то поистине замечательное. Теперь вы уже не раб греху, а слуга всемогущего Бога. Те злые духи, что некогда влияли на каждую клеточку вашего существа и требовали от вас полной покорности и раболепства, отныне не имеют никакого права управлять вами и диктовать вам, как жить. Ваше будущее уже не в их руках!

Вследствие вашего решения обратиться к Иисусу Христу и вручить свою жизнь Ему, ваш духовный дом уже навечно определён – он в Небесах. С этого самого момента вашим постоянным «адресом» в вечности будет небесная обитель. Внутрь вашего, человеческого, духа только что заселился Божий Дух, так что теперь вы стали «Божьим храмом» (1-е Коринфянам 6:19). Это самое настоящее чудо! Только представьте: Бог Своим Духом поселился в вас и теперь живёт в вашем сердце!

Теперь у вас есть новый Господин и Учитель, Которого зовут Иисус Христос. С этого самого момента Божий Дух будет действовать внутри вас и будет наполнять вас сверхъестественной жизненной силой для того, чтобы вы смогли исполнить Его волю относительно вашей жизни.

Покоритесь господству Христа и доверьтесь Его руководству в вашей жизни, и тогда всё для вас изменится исключительно в лучшую сторону! А иначе и быть не может!

ЦИТАТЫ ИЗ СВЯЩЕННОГО ПИСАНИЯ О ПОКАЯНИИ (ДЛЯ МОЛИТВЫ)

[Если] смирится народ Мой, который именуется именем Моим, и будут молиться, и взыщут лица Моего, и обратятся от худых путей своих, то Я услышу с неба и прощу грехи их и исцелю землю их (*2-я книга Паралипоменон 7:14*).

Раздирайте сердца ваши, а не одежды ваши, и обратитесь к Господу Богу вашему; ибо Он благ и милосерд, долготерпелив и многомилостив и сожалеет о бедствии (*Книга пророка Иоиля 2:13*).

…Обратитесь ко Мне, говорит Господь Саваоф, и Я обращусь к вам, говорит Господь Саваоф (*Книга пророка Захарии 1:3*).

Скрывающий свои преступления не будет иметь успеха; а кто сознается и оставляет их, тот будет помилован (*Книга Притчей 28:13*).

...Сотворите же достойный плод покаяния... (*Евангелие от Матфея 3:8*)

С того времени Иисус начал проповедывать и говорить: покайтесь, ибо приблизилось Царство Небесное (*Евангелие от Матфея 4:17*).

Итак покайтесь и обратитесь, чтобы загладились грехи ваши, да придут времена отрады от лица Господа... (*Книга Деяний 3:19-20*).

Итак, оставляя времена неведения, Бог ныне повелевает людям всем повсюду покаяться... (*Книга Деяний 17:30*).

Не медлит Господь [исполнением] обетования, как некоторые почитают то медлением; но долготерпит нас, не желая, чтобы кто погиб, но чтобы все пришли к покаянию (*2-е Посла-ние Петра 3:9*).

Если исповедуем грехи наши, то Он, будучи верен и праведен, простит нам грехи наши и очистит нас от всякой неправды (*1-е Послание Иоанна 1:9*).

Приблизьтесь к Богу, и приблизится к вам; очистите руки, грешники, исправьте сердца, двоедушные (*Послание Иакова 4:8*).

Ты много переносил и имеешь терпение, и для имени Моего трудился и не изнемогал. Но имею против тебя то, что ты оставил первую любовь твою. Итак, вспомни, откуда ты ниспал, и покайся, и твори прежние дела; а если не так, скоро приду к тебе, и сдвину светильник твой с места его, если не покаешься (*Откровение Иоанна 2:3-5*).

ОБ АВТОРЕ

Рик Реннер – уважаемый во всём мире учитель Библии и лидер международного христианского сообщества. Он является автором длинного списка бестселлеров, которые разошлись миллионными тиражами и были переведены на несколько языков. Епископ Рик, благодаря знанию греческого языка и библейской истории, совершенно уникальным образом раскрывает Священное Писание. Это позволяет читателям почерпнуть мудрость и получить откровения, узнавая что-то абсолютно новое из Божьего Слова.

Рик Реннер является основателем и епископом московской церкви «Благая весть» и интернет-церкви «Благая весть онлайн», основатель и президент служения RENNER MINISTRIES (г. Талса, США), создателем христианской телевизионной сети «Медиамир». Также ведущий собственной ТВ-передачи, которая несёт Евангелие многочисленным русскоязычным зрителям по всему миру.

В своё время Рик Реннер также учредил и возглавил в качестве президента Служение Рика Реннера, головной отдел которого располагается в г. Талса (штат Оклахома, США). Помимо этого, он ведёт собственную телепередачу, которую смотрят во всём мире. Рик Реннер, его супруга и неразлучный партнёр в жизни и служении, Дэнис, а также их трое сыновей, Павел, Филип и Джоел, у которых также есть свои семьи, несут служение на Божьей ниве и трудятся во славу Господа при содействии замечательного, посвящённого Богу и Его делу коллектива сотрудников и сослуживцев в разных странах мира.

Контактные данные служения:
тел.: +7 (495) 727-14-67,
+79651305060 (Viber и WhatsAp).
Email: blagayavestonline@ignc.org
Website: www.ignc.org

www.ingramcontent.com/pod-product-compliance
Lightning Source LLC
Chambersburg PA
CBHW071637040426
42452CB00009B/1673